Adrian Arnold

Norbert Elias' Zivilisationstheorie: Die Prozeß- und Figurationsthese

GRIN Verlag

Bibliografische Information der Deutschen Nationalbibliothek:

Die Deutsche Bibliothek verzeichnet diese Publikation in der Deutschen National-
bibliografie; detaillierte bibliografische Daten sind im Internet über http://dnb.d-
nb.de/ abrufbar.

Impressum:

Copyright © 2001 GRIN Verlag GmbH
Druck und Bindung: Books on Demand GmbH, Norderstedt Germany
ISBN: 978-3-640-86198-9

Dieses Buch bei GRIN:

Universität Bielefeld
Fakultät für Soziologie
WS 2001/'02

Hausarbeit

Zum Seminar:
*Die zentralen Werke von
Norbert Elias in der
soziologischen Kritik*

Norbert Elias' Zivilisationstheorie:
Die Prozeß- und Figurationsthese

Studiengang: Dipl. Soziologie, 5. Fachsemester

Fakultät: Soziologie
Seminar: *Die zentralen Werke von Norbert Elias in der soziologischen Kritik*
Titel: „Die Prozeß- und Figurationstheorie von Norbert Elias"

Wintersemester 2001/'02

Inhaltsverzeichnis

<u>Einleitung</u>

Ein Gedicht, von Norbert Elias selbst verfaßt, stellt auf poetische Weise dessen besondere Sichtweise von Gesellschaftsentwicklung dar:

> „Und Zufall wächst/ im Wandel der Geschichte
>
> dem Wesen ein/ wird mein/ und wird Geschichte
>
> Und Strom wird Welle/ Welle stromdurchtränkt
>
> Bin ich in dich/ seid ihr in sie versenkt
>
> Verschlungen Dasein/ Mensch und Stern und Tier
>
> Wächst eins im anderen/ Du und Ich sind Wir"[1]

Er beschreibt die unauflösbare Verflechtung von Geschichte, Menschen und ihrer Entwicklung, die sich in ihnen selbst wiederfindet. Daß Menschen und Natur in ständiger Wechselwirkung stehen, daß Geschichte in ihnen entsteht und doch in eigenständigen, unbeeinflußbaren Bahnen läuft - eben wie ein Fluß, der letztlich doch sein eigenes Ziel ins Meer sucht – dies ist Inhalt dieser Arbeit.

Man kann Elias' Werke in drei Teile gliedern. Die Zivilisationstheorie, die sich auf die Wechselwirkung von Soziogenese und Psychogenese konzentriert, zweitens die Prozeß- und Figurationstheorie, welche Bestandteil meiner Arbeit ist. Letztens ist dann noch die Wissens- und Wissenschaftstheorie zu nennen.

Zuerst müssen einige anthropologischen Grundannahmen dargelegt werden. Sie sind insofern wichtig, als sie das grundlegende Menschenbild des Autors erklären, auf dem Theorien der Sozialwissenschaft aufbauen. Daran anschließen muß die Forschungsmethodik und die erkenntnistheoretischen Paradigmen, um darzulegen, von wo Elias in seiner Denkweise beginnt, wie er Gesellschaft sieht und mit welchen Werkzeugen er forscht. So kann der Hauptteil die Ergebnisse seiner so strukturierten Arbeit in Bezug auf „Figurationen" als Prozesse darlegen. Dabei gehe ich auf Machtdifferenzen von Figurationen und auf historische Mechanismen der Staatsbildung näher ein. Als Abschluß dieser Arbeit füge ich zum einen meine persönlichen Ergänzungen hinzu, die sich durch die Arbeit mit seinen Schriften ergaben. Darin beschreibe ich Auffälligkeiten im Zusammenhang mit Elias' Theorien sowie Anknüpfungspunkte und Erklärungen gegenwärtiger Phänomene. Den letzten

---

[1] Hammer, Heike: *Figuration, Zivilisation und Geschlecht.* Eine Einführung in die Soziologie von Norbert Elias. IN: KLEIN, GABRIELE/ LIEBSCH, KATHARINA (Hg.): *Zivilisierung des weiblichen Ich.* 1. Auflage, Frankfurt/M. 1997, S. 39.

Punkt dieser Hausarbeit stellt eine Kritik dar. Ich habe bewußt auf eine Autorenkritik verzichtet, weil ich statt dessen mit eigenen kritischen Gedanken an die persönlichen Ergänzungen von III. 1.) konsistent anknüpfen kann. Eine kurze Zusammenfassung fehlt, weil sie in meinen Augen nur das Gesagte wiederholen kann und statt dessen die persönlichen Überlegungen von III. 1.) und 2.) aus meinem Programm verdrängen würde.

Die Quellen für diese Arbeit sind verschiedene Werke. Hauptsächlich habe ich mich auf *Norbert Elias zur Einführung* und das Lehrbuch *Soziologische Theorie* bezogen. Beide liefern einen breiten, aber dennoch detaillierten Zugriff auf Elias' Theorien. Der Elias- Kenner Goudsblom konnte darüber hinaus vertiefendes Material zu Figurationen und ihren Wandel liefern. Er ist auch Autor des Aufsatzes in *Materialien zu Norbert Elias' Zivilisationstheorie,* den ich u.a. als Sekundärquelle hinzuzog. Letztlich war selbstverständlich der zweite Band von *Über den Prozeß der Zivilisation* Teil der Primärliteratur, um besonders die Staatsbildungsmechanismen und langfristigen Prozesse der Makroebene abzuhandeln.

Die Prozeß- und Figurationsthese gilt als Schlüsseltheorie[2] im Gesamtkomplex der Werke. Deswegen stellt sie den Hauptkomplex meiner Arbeit dar. Wie wendet Elias diese Schlüsselthesen zur Analyse von Gesellschaft und ihrer Entwicklung an? Ich werde mich bei der Klärung dieser Frage auf die dynamische Verflechtungen menschlicher Interdependenz konzentrieren, auf ihre Wirkungen für die Makroentwicklung von Gesellschaft, also im speziellen auch auf Staatsbildung und ihre inhärenten historischen Mechanismen sowie auf Machtbalancen.

---

[2] MOREL, JULIUS (Hg.): *Soziologische Theorie.* Abriß der Ansätze ihrer Hauptvertreter. 6. Auflage, München 1999. S. 192.

I. Theoriemethodischer Hintergrund

1. Anthropologische Grundannahmen

Für die menschenwissenschaftliche Analyse, die Elias leisten will, muß auf die offensichtlichen Unterschiede zwischen Mensch und Tier eingegangen werden. Und „Da die Leistungsfähigkeit einer menschenwissenschaftlichen Theorie mit ihren Prämissen steht oder fällt, bemüht sich die Prozeß- und Figurationstheorie, mit einem qualitativen Minimum an anthropologischen Prämissen auszukommen. So verzichtet Elias darauf,... festzulegen, ob der Mensch ein rationales oder ein triebbestimmtes Wesen ist... "[3]

Elias unterscheidet zwischen kategorialen und prozessualen Merkmalen. Der Mensch kann differenzierte Mimik und Sprache ausdrücken als andere Wirbeltiere; er kann mittels komplexer Sprache, Grammatik, Syntax etc. hochgradig abstrakt kommunizieren. „Die relative Instinktlosigkeit wird kompensiert durch die Ausbildung kognitiver Schemata, die... eine neuartige Verhaltenssteuerung ermöglichen. Ebenso zeichnet sich der Mensch durch ein hohes Phantasievermögen aus."[4]

Neben diesen oft formulierten biologischen settings des Menschen (z.B. die sozialkommunikative Selbstprogrammierung des Verhaltens bei G. H. Mead) weist Elias aber auch darauf hin, daß seiner Meinung nach die Anthromorphie historischen Einflüssen und Wandlungen unterliegt. Das Verhaltens- Setting ist eben nicht universelle und genetisch festgeschriebene Eigenart der Menschen. Elias „... geht es um die Wandelbarkeit des Menschen, die sich als einzige nicht hintergehbare Universalie direkt aus dem evolutionären Prozeß heraus entwickelt hat."[5]

Aus dieser wichtigen Annahme folgert außerdem die faktische Gesellschaftlichkeit des Menschen, seine Soziabilität und Sozietät. Menschen sind aufeinander angewiesen, sie müssen zwecks Bewältigung der Konflikte mit ihrer Umwelt mit anderen kooperieren. Der Einzelne lernt durch Sozialisation den „richtigen" Verhaltenskodex, was eine soziogene Prägung von psychischen Funktionen bedeutet.[6] Es ergibt sich aus diesen Punkten das wirkliche „menschliche" am Menschen. Er vermag eine psychische Selbststeuerung zu leisten, welche eine Modellierung seiner sozialen Beziehungen erlaubt.

---

[3] BAUMGARDT, RALF/ EICHENER, VOLKER: *Norbert Elias zur Einführung*. 1. Auflage, Hamburg 1991. S. 105.
[4] MOREL, JULIUS (Hg.): *Soziologische Theorie*. S. 197.
[5] MOREL, JULIUS (Hg.): *Soziologische Theorie*. S.198
[6] MOREL, JULIUS (Hg.): *Soziologische Theorie*. S.198 f.

Die genannte Wandelbarkeit des Menschen ist Ursache für den Zusammenhang zwischen psychischer Formung des Verhaltens in der Sozialisation (Psychogenese) und der Entwicklung von sozialen Interdependenzen und Strukturen (Soziogenese). Elias meint nun, daß „...sich mit der Differenzierung der gesellschaftlichen Funktionen auch die psychischen Funktionen ausdifferenzieren."[7] Mit steigendem Verflechtungsniveau einer Gesellschaft erhöhen sich die Anforderungen an die Selbstregulierung von Trieben und Affekten des Individuums. Die zunehmenden und sich verlängernden Interdependenzketten erfordern langfristige Planung mittels kurzfristiger Affektbeherrschung.

Obwohl ich den Figurationsbegriff erst im Folgenden abhandle, muß ich ihn im Zusammenhang anthropologischer Axiome der Elias' schen Zivilisationstheorie aufgreifen. Menschen sind nicht nur untereinander abhängig und in ihren Handlungen verflochten; der Mensch bildet auch mit seiner natürlichen Umwelt eine Figuration. Dies sollte nicht vernachlässigt werden, muß doch in den Sozialwissenschaften ein materialistische Verständnis von Gesellschaft und Entwicklung einen elementaren Platz einnehmen. Spätestens seit Karl Marx ist ein Grundlegendes für die Menschenwissenschaften eben die Auseinandersetzung zwischen der Natur und Mensch. „Die erste Vorraussetzung aller Menschengeschichte ist... die Existenz lebendiger menschlicher Individuen. Der erste zu konstatierende Tatbestand ist also die körperliche Organisation dieser Individuen und ihr dadurch gegebenes Verhältnis zur übrigen Natur. ... Alle Geschichtsschreibung muß von diesen natürlichen Grundlagen und ihrer Modifikation im Laufe der Geschichte durch die Aktion der Menschen ausgehen."[8] Elias teilt diese Annahme; er beschreibt die Auseinandersetzung mit der Umwelt und die darauf aufbauende Gesellschaftsentwicklung als Teufelskreislauf. Emotionales Handeln („Engagement"), Wissensverluste und ein Kontrolldefizit über eine gefährliche Umwelt gehen Hand in Hand und schaukeln sich auf. Diese „... Theorie des Doppelbinders wird von Elias zunächst auf die Beziehung der Menschen zur Natur... angewendet. Die Umstände des menschlichen Lebens wurden... Jahrtausende lang von dieser geschlossenen, in sich wiederkehrenden Kette von Ursachen- und Wirkungszusammenhängen bestimmt."[9]

Der Mensch kann nur in Interaktionsverflechtungen vieler Personen leben. Er ist von Anderen abhängig und kommt deshalb nur in als Pluralität vor. Der Mensch ist zwangsläufig auch mit der Natur verknüpft, was sich auf sein Handeln, Denken und Fühlen auswirkt. Er

---

[7] BAUMGARDT, RALF/ EICHENER, VOLKER: *Norbert Elias zur Einführung.* S. 106.
[8] Marx, Karl/ Engels, Friedrich: *Die deutsche Ideologie.* 1845-1846. IN: MARX-ENGELS-GESAMTAUSGABE, 1. Abt., Bd. 5, Glashütten/ Taunus 1970. S. 10.
[9] MOREL, JULIUS (Hg.): *Soziologische Theorie.* S. 206.

wirkt umgekehrt auf die Natur ein und bildet so Gesellschaft. Sie unterliegt historischen Prozessen, d.h. auch jedes Individuum in ihr. So läßt sich abschließend sagen, „... daß Menschen stets als Vielheiten >relativ offener, interdependenter Prozesse< erscheinen. Das falsche Bild vom >homo clausus<, der... auf die Maximierung ihres Eigennutzes bedachten Monade, wird ersetzt durch das Bild der >homines aperti<... Damit sind wir bei den zentralen Begriffen... angelangt, nämlich *Figuration* und *Prozeß*." [10]

2. Methodik

a) Erkenntnisinteresse

Man kann den Fokus im Forschungsprogramm grob unterteilen. Elias forscht auf drei Ebenen. „Bei Zivilisationsprozessen auf der Ebene der individuellen Entwicklung führt die Spur geradewegs zur Psychoanalyse, zur Entwicklungspsychologie und zur Sozialpsychologie."[11] Neben dieser ersten Ebene, die sich mit internalisierten Verhaltensstandards im Trieb- und Seelenleben des Einzelnen befaßt, richtet Elias sein Augenmerk auf die historische Entwicklung von kulturellen Verhaltens- Settings. Auf dieser Ebene sind die Verflechtungszusammenhänge zwischen Individuen relevant. Diese Figurationen bilden die Basis, auf der sich Verhaltensstandards wandeln und als „Fremdzwang" durch Sozialisation zum „Selbstzwang" werden. Zentral hierbei ist: „Diese Definition [von Sozialisation] widerspiegelt den herkömmlichen Gegensatz zwischen >Individuum< und >Gesellschaft<, wobei die in der Gesellschaft geltenden Werte... als Gegebenheiten betrachtete werden, ohne daß ihre... Soziogenese einer eingehenden Untersuchung unterworfen wird."[12] So rückt die Veränderungen von individuellen, aber auch kollektiven Persönlichkeitsstrukturen im historischen Ablauf ins Blickfeld. Von der Zweiten Ebene gelangt man unwillkürlich auf die dritte, nämlich die der Verflechtungen zwischen Gesellschaften untereinander und die Mechanismen, die zwischen Nationen zu Entwicklung führen. Denn es ist für Elias zwingend, „... daß kein gesellschaftlicher Zivilisationsprozeß sich *in vacuo*, ohne Bezug auf... frühere und zeitgenössische Zivilisationsprozesse vollzogen hat."[13]

---

[10] BAUMGARDT, RALF/ EICHENER, VOLKER: *Norbert Elias zur Einführung.* S. 108.
[11] Goudsblom, Johan: *Die Erforschung von Zivilisationsprozessen.* IN: KORTE, HERMANN/ GLEICHMANN, PETER/ GOUDSBLOM, JOHAN (Hg.): *Materialien zu Norbert Elias' Zivilisationstheorie 2.* 1. Auflage, Frankfurt/M. 1979. S. 87.
[12] Goudsblom, Johan: *Die Erforschung von Zivilisationsprozessen.* S. 85.
[13] Goudsblom, Johan: *Die Erforschung von Zivilisationsprozessen.* S. 87.

Wichtig für diese Forschungsarbeit ist jedoch die zweite Ebene der gesellschaftlichen Figurationen und Prozesse. „Der Begriff der Figuration bringt nach Elias klarer zum Ausdruck, daß das, was wir Gesellschaft nennen, weder eine Addition >gesellschaftslos existierender Individuen noch ein System oder eine ‚Ganzheit‘ jenseits der Individuen ist, sondern vielmehr das von Menschen gebildete Interdependenzgeflecht selbst.“[14] Ich werde im Hauptteil dieser Arbeit diesen elementaren Gegenstand in Elias' Theorie ausführlich abhandeln.

Norbert Elias entwirft mit seiner Zivilisationstheorie also einen Forschungskomplex, der die Menschheitsentwicklung in toto durch ein umfassendes Theoriekonzept erklären soll. Die hauptsächliche Datenanalyse der europäischen „Zivilisations“- Entwicklung darf nicht als Eingrenzung der Gültigkeit der Theorien auf das sog. westliche Abendland mißverstanden werden. Wichtig hierbei ist Elias' „... Interesse an langfristigen gesellschaftlichen Prozessen unmittelbar in der Tradition der großen Klassiker des Faches wie... Marx, Durkheim, Weber und Simmel... , wobei er insbesondere deren Interesse an Fragen der geschichtlichen Entwicklung teilt.“[15] Dabei bleibt anzumerken, daß „... sich allerdings auf kurzer Frist manchmal tief einschneidende Wendungen unterscheiden lassen.“

Es wird weiterhin gefordert, „Solche gesellschaftlichen Zivilisationsprozesse zu untersuchen – das heißt: ihre Richtung und ihre Schwankungen dokumentarisch darzustellen und zu erklären...“ [16] Somit rücken Prozesse ins Blickfeld; sie müssen anhand von realen Figurationen analysiert werden, die durch ständigen sozialen Wandel und Geschichtlichkeit charakterisiert sind. „Statische Zustandsreduktionen und ahistorische Theorien werden ebenso wie ein >Rückzug der Soziologie auf die Gegenwart< ... vermieden.“ Denn Elias Forschungen „... beruhen vielmehr auf der empirisch belegbaren Vorstellung, daß Wandlungen zu den normalen Struktureigentümlichkeiten von Figurationen und Menschen gehören.“[17]

b) Paradigmen und Forschungsmethoden

Elias will die rein analytisch- künstliche Aufspaltung von Wissenschaftsbereichen, aber auch diejenige zwischen Individuum und Gesellschaft überwinden. Für die Umsetzung dieses integrativen Konzeptes gilt: „Der Weg zu einer solchen Zentraltheorie... kann... nur durch die

---

[14] BAUMGARDT, RALF/ EICHENER, VOLKER: *Norbert Elias zur Einführung.* S. 42.
[15] MOREL, JULIUS (Hg.): *Soziologische Theorie.* S. 191.
[16] GOUDSBLOM, JOHAN: Die Erforschung von Zivilisationsprozessen. S. 85.
[17] BAUMGARDT, RALF/ EICHENER, VOLKER: *Norbert Elias zur Einführung.* S. 44.

Zusammenführung des Wissensstandes verschiedener Fächer wie etwa der Soziologie, der Geschichtswissenschaft, der Psychoanalyse und weiterer verwandter menschenwissenschaftlicher Disziplinen beschritten werden."[18] Seine Theorien können folglich nur Ergebnis synthetisierenden Arbeitens innerhalb der Menschenwissenschaften sein; sie dienen darüber hinaus als Bezugsrahmen für andere gesellschaftswissenschaftliche Disziplinen. Elias sagt hierzu in *Gesellschaft der Individuen* selbst: >Die Strukturen der menschlichen Psyche,... der menschlichen Gesellschaft und... der Geschichte sind unablösbare Komplementärerscheinungen und nur im Zusammenhang miteinander zu erforschen.<[19] Die alte Trennung von Individuum auf der einen, und Gesellschaft auf der anderen Seite ist irreführend und nicht realistisch. Individuum und Gesellschaft werden von Elias als wechselseitig bedingende und wirkende Einheit betrachtet. Wenn Elias von „Psyche" spricht, dann in starker Anlehnung an das Freud' sche Modell von „Es- Ich- Überich". Die inhaltlichen und theoretischen Anknüpfungen an Freud und Piaget sind für die Psychogenese des Individuums, die durch Differenzierung und Gewaltmonopolisierung auf der Makroebene beeinflußt wird, zentral.[20] Allerdings ist dieser Ausschnitt nicht Bestandteil meiner Arbeit.

Erkenntnistheoretisch überbrückt Elias die Kluft zwischen Individualismus und Strukturalismus durch die Einheit dieser Begriffe, die er inhaltlich in den Figurationen festmacht. Der Dualismus, bestehend aus Akteur und System bzw. Struktur, soll von Elias überwunden werden. In Kritik an diesem epistemologischen Spagat beschreibt Bora treffend die Eigenschaften von Elias' Herangehensweise: „... Soweit die Neofunktionalisten trotz der eben skizzierten Probleme [des Dualismus] explizit das Ziel verfolgen, >systemische Bedingungen< mit Figurationen kollektiven Handelns zu kombinieren, lösen sie Differenzierungstheorie [d.h. Entwicklungstheorie] tendenziell in Geschichtsschreibung auf... im Sinne von Ereignisgeschichte, im Gegensatz zu Strukturgeschichte."[21] Konkreter heißt das, daß „Strukturen", im Elias' schen Sinn prozessierende, geschichtliche Figurationen, sowohl transindividuelle gesellschaftliche Begebenheiten, als auch vom Individuum beeinflußbare Größen darstellen. Diese Ambivalenz wird durch die erkenntnistheoretische Annahme einer untrennbaren Verschmelzung von Person, Struktur und Gesellschaft gelöst.

An dieser Stelle wird das Paradigma der Transintentionalität deutlich. Elias beschreibt dies im Zusammenhang mit der Staatsbildung des absolutistischen Frankreichs: „Hier, wie immer,

---

[18] MOREL, JULIUS (Hg.): *Soziologische Theorie.* S. 190.
[19] BAUMGARDT, RALF/ EICHENER, VOLKER: *Norbert Elias zur Einführung.* S. 38.
[20] GOUDSBLOM, JOHAN: Die Erforschung von Zivilisationsprozessen. S. 87.
[21] BORA, ALFONS: *Differenzierung und Inklusion.* Partizipative Öffentlichkeit im Rechtssystem moderner Gesellschaften. Schriften der Vereinigung für Rechtssoziologie, 1. Auflage, Baden- Baden 1999, Bd. 25. S. 153.

ergab sich aus den Verflechtungen vieler, individueller Interessen, Pläne und Aktionen eine Entwicklungsrichtung, eine Gesetzmäßigkeit des Ganzen der verflochtenen Menschen, die kein Einzelner bezweckt hatte, und ein Gebilde, das keiner der Agierenden... geplant hatte, ein Staat: Frankreich."[22] Allerdings heißt das für Elias, daß die nichtbeabsichtigten Folgen von vergangenen, u.U. beabsichtigten Handlungen, seien es soziale, technische oder ökologische Folgen, wiederum geschichtlich die allgemeinen Voraussetzungen von Heute sind. „Die in diesen blinden, von niemanden geplanten, gesetzmäßig ablaufenden Prozessen [der Figurationen] gefangenen Menschen hängen Elias zufolge der voluntaristische Illusion nach, nach der die Geschichte von der planenden Vernunft und vom Willen des Menschen gesteuert wird...",[23] auch wenn rationales Handeln des Akteurs im Rahmen seiner in umgebenden Figuration auf der Mikroebene beobachtbar ist.

Um einen Erkenntnisgewinn zu erzielen, wendet Elias im Zuge einer soziologischen Gesamtsicht folgende Methode an: „... Ein scharf umrissenes Profil erhalten die vergangenen Wandlungen des gesellschaftlichen Gewebes für den Betrachter erst dann, wenn er sie mit Ereignissen seiner Zeit zusammensieht. Auch hier... erhellt der Anblick des gegenwärtigen Geschehens das Verständnis des vergangenen, und die Vertiefung in das, was geschehen ist, erhellt das, was geschieht..."[24] So kann der Wissenschaftler erst nachträglich rationale Begriffe und Mechanismen für die Entwicklung von Figurationen und Gesellschaften bilden, ohne in statischen oder gegenwartsbedingten Kategorien gefangen zu sein. Tendenzen können durch Analyse vergangener Entwicklungen für die Zukunft prognostiziert werden.

Dabei ist für Elias sehr bedeutsam, daß weder Geschichte an sich, noch Zivilisierungszustände einen festen Anfangspunkt aufweisen. Im Zusammenhang der Untersuchung über die Entwicklung von Staatsbildung, Kultur und Verhaltenscodes wird deutlich: „Die Frage nach der Genese der Zivilisation ist hierbei nicht mit der Frage nach ihrem Ursprung, ihrer Genealogie, zu verwechseln: Elias' Untersuchungen zeigen, daß gesellschaftliche Prozesse über keinen absoluten Nullpunkt verfügen."[25] Geschichte verläuft weder positiv linear, noch in Stufen. Zivilisationstrends sind nicht irreversibel; so können z.B. Schamgrenzen immer wieder gehoben und gesenkt werden. Diese radikale begriffliche Offenheit ist ungewöhnlich, neigen doch Makrotheorien zu Determinismus und Ursachenmonismus. Sie operieren oft von einem absoluten Basisparadigma aus, z.B. der Marxismus von der Produktion von Objekten als Bedingung des Menschseins: „Sie [die

---

[22] ELIAS, NORBERT: *Über den Prozeß der Zivilisation.* Soziogenetische und psychogenetische Untersuchungen. 2. Auflage, Bern 1969, Bd. 2, S. 221.
[23] MOREL, JULIUS (Hg.): *Soziologische Theorie.* S. 192 ff.
[24] ELIAS, NORBERT: *Über den Prozeß der Zivilisation.* S. 434.
[25] BAUMGARDT, RALF/ EICHENER, VOLKER: *Norbert Elias zur Einführung.* S. 54.

Menschen] selbst fangen an sich von den Tieren zu unterscheiden, sobald sie anfangen, ihre Lebensmittel zu produzieren...“[26]   So werden für den Marxismus die materiellen „Produktivkräfte“ einzige Ursache von Gesellschaftsgenese, und von verschiedenen „Stufen“ der Entfaltungsgrade dieser Kräfte sind alle anderen sozialen Variablen (Politik, Religion, Verhaltensnormen usw.) ableitbar; Elias weist diesen Ansatz zurück.[27]

Statt dessen setzt Elias „... an die Stelle dieser deterministisch- teleologischen Denkmodelle ein Mehrebenenmodell, wo ökonomische Prozesse, Prozesse der Gewaltkontrolle, Entwicklungen im Bereich der psychischen Selbstkontrolle... Entwicklungen im Bereich des Wissens und der Orientierungen als interdependent, bei gleichzeitiger relativer Autonomie der einzelnen Ebenen...“[28], betrachtet werden. Wichtig ist hierbei, daß Elias keine Stufenentwicklungen erkennt, wie z.B. Comte oder Marx, sondern die Dynamik und Prozeßhaftigkeit der Soziogenese betont. Man kann auch nicht einzelne oder mehrere unabhängige Variablen als einzige Ursprünge von sozialen Zuständen und Entwicklungen festsetzen. Denn: „Das gesellschaftliche Leben besteht aus der mehr oder weniger friedlichen Verflechtung und aus dem mit den verschiedensten Mitteln geführten Kampf der Bedürfnisse, Ideale, Ziele und Pläne der Menschen und... Gruppen. Daher sind sowohl die Ursachen als auch die Wirkungen der gesellschaftlichen Ereignisse menschliche Bedürfnisse, Ideale, Ziele und Pläne.“[29]

Elias gewinnt aber „... seine paradigmatische Eigenständigkeit erst dort, wo er versucht, Geschichte als einen Prozeß zu kennzeichnen, der prinzipiell ungeplant und ungesteuert verläuft und trotzdem durch eine Ordnung und eine Entwicklungsrichtung gekennzeichnet ist... Zu diesem Zwecke bedient er sich einer prozeßtheoretischen Vorgangsweise, um dem Problem der... gesellschaftlichen Prozesse als einer Ordnung sui generis, auf die Spur zu kommen.“[30]   An dieser stelle wird die theoretische Nähe zu Durkheim’ s Strukturfunktionalismus, einer der Quellen von Elias, sichtbar. Durkheim machte die Emergenzeigenschaft von Gesellschaft an dem „conscience collective“ und an funktionalen, also transindividuellen und transintentionellen, Strukturen fest.

Der wichtige Ausgangspunkt einer prozeßsoziologischen Vorgehensweise wurde mehrfach erwähnt; sie steht in enger Verbindung zum Figurationsparadigma. Zentral bei Elias, und eigentliches Thema dieser Arbeit, sind die Verflechtungszusammenhänge von Personen und

[26] Marx, Karl/ Engels, Friedrich: *Die deutsche Ideologie.* S. 10.
[27] ELIAS, NORBERT: *Über den Prozeß der Zivilisation.* S.437.
[28] MOREL, JULIUS (Hg.): *Soziologische Theorie.* S.191.
[29] MOREL, JULIUS (Hg.): *Soziologische Theorie.* S. 211.
[30] MOREL, JULIUS (Hg.): *Soziologische Theorie.* S. 191.

Gruppen, letztlich von Gesellschaften. In Prozessen, die nicht Ausnahme, sondern die Regel darstellen, wandeln sich Figurationen mit den langfristigen Zielen der übergreifend integrierenden Gewaltmonopolisierung auf der Makro-, und auf der Mikroebene Ziele der Internalisierung von zunehmenden Fremdzwängen zwecks Affektkontrolle. Ergebnisse der Prozesse sind u.a. (National-)Staatsbildung, Differenzierung der Arbeitsteilung, Abgabe des Gewaltmonopols an zuerst transregionale, dann transnationale Instanzen (z.B. die „europäische Vergesellschaftung" der EU, die UNO usw.).[31] Außerdem findet als historische, nichtbeabsichtigte Tendenz eine zunehmende Kontrolle der Menschen über ihre Umwelt und eine Verlängerung der Interdependenzketten in Figurationen statt. Genau diese Sachverhalte, und zwar darüber hinaus die Eigenschaften, Entwicklungen und Inhalte von Figurationen, bestreitet den folgenden Hauptteil dieser Arbeit.

II. Die Prozeß- und Figurationstheorie

1. „Figurationen" im Wandel

Bereits zu Beginn dieser Arbeit wurden Verflechtungszusammenhänge von Handlungen angesprochen. Zunächst ist eine Vordefinition des soziologischen Interesses angebracht. Der Elias- Spezialist Johan Goudsblom meint einleitend: „In der Soziologie erforschen wir die Wege, auf denen Menschen die Probleme sozialer Interdependenz bewältigen."[32] Das heißt dann auch, daß es uns um Menschen geht, die immer neue Problemen lösen müssen, die aus der Interdependenz entstehen.

Jede Lösung schafft unabänderlich andere Konflikte, was auf die prozeßhaftigkeit von Verflechtungen beweist. Die Konsequenzen aus Handlungen sind vom Akteur auf der Makroebene nicht intendiert oder geplant. Wissensbestände der Menschen sind notwendig, um die erwähnte „Kontigenzproblematik" (T. Parsons) von reziproken Interdependenzen zu meistern. Zentraler Ausgangspunkt der Figurationsthese ist die Annahme, daß Menschen nur im Plural existieren und deshalb auch nur in pluralen Verflechtungen untersucht werden können.[33] Die Gründe hierfür wurden bereits unter I. 1.) genannt: die angeborene

---

[31] ELIAS, NORBERT: *Über den Prozeß der Zivilisation.* S. 435 f.
[32] GOUDSBLOM, JOHAN: *Soziologie auf der Waagschale.* 1. Auflage, Frankfurt/ M. 1979, S. 139.
[33] GOUDSBLOM, JOHAN: *Soziologie auf der Waagschale.* S. 140.

Instinktlosigkeit, die Gesellschaftlichkeit und Wandelbarkeit von Verhalten und Bewußtsein, letztlich schlicht die biologische Angewiesenheit auf Andere.

Definition

„Solche Strukturformen, die interdependente Menschen als Individuen oder als Gruppen miteinander bilden, bezeichnet Elias als... Figurationen. Mit diesem Begriff möchte Elias... die Dichotomisierung von Individuum und Gesellschaft überwinden...“ [34] Elias meint zusammenfassend: >Immer mehr Gruppen, und mit ihnen immer mehr Individuen, unterliegen der Tendenz, um ihrer Sicherheit und Bedürfnisbefriedigung willen, auf eine Art und Weise abhängig voneinander zu werden, die größtenteils das Erfassungsvermögen der darin Verstrickten übersteigt... Einige wollen diesen, die anderen jenen Weg gehen. Sie... bleiben, ob sie gewinnen oder verlieren, doch aneinandergefesselt... Und sie sind nicht in der Lage, sich als Teil dieser größeren Muster zu sehen, weil sie, eingeschlossen und auf eine Weise hin- und hergeschoben, die keiner von ihnen wollte, nicht umhin können, von den dringlichen, beschränkten und kleinlichen Problemen, denen allen sie sich zu stellen haben, in Beschlag genommen zu werden... So wirkt auf jeden von ihnen ein, was nur von Menschen gebildet wird, und doch von vielen als fremde, externe Kraft, die den Naturkräften nicht unähnlich ist, erfahren wird< [35]

Wird die Figuration der Menschen mit ihrer Umwelt zunehmend durch Rationalisierung von Bewußtsein und Verhalten kontrolliert (z.B. durch den Doppelbinder aus Distanziertheit und rationalen Handeln), dann entstehen trotz steigender Handlungsoptionen zunehmende Abhängigkeiten der Menschen untereinander. Bereits Simmel hat dieses Dilemma der Modernisierung und Individualisierung benannt.

Der Aufbau von Figurationen

Die Eigentümlichkeiten der Figurationen selbst sind es, die „... Menschen und ihre Motive aneinander binden und sie dazu bringen, in einer ganz spezifischen Weise zu handeln... in der sie vielleicht nicht handeln würden, wenn sie wirklich völlig frei... von sozialen Abhängigkeiten wären.“[36] Das heißt weiterhin, daß Elias gegenwärtige Figurationen mit ihren

---

[34] MOREL, JULIUS (Hg.): *Soziologische Theorie*. S. 193.
[35] GOUDSBLOM, JOHAN: *Soziologie auf der Waagschale*. S. 141 ff.
[36] BAUMGARDT, RALF/ EICHENER, VOLKER: *Norbert Elias zur Einführung*. S. 102 ff.

spezifischen Eigenschaften durch vorangegangene erklären will, die untrennbar prozeßhaft an diese anknüpfen. Figurationen sind historisch und dynamisch.

Für Elias besitzen neben ökonomischen, auch geographische, sozialstrukturelle und psychische Variablen (z.B. affektive Valenzen) denselben Erklärungswert für Bindungen von Personen an Figurationen. „Insofern können wir hier von einem Mehrebenenmodell der Interdependenzbeziehungen sprechen, wo sich in aller Regel verschiedene Abhängigkeitsformen [der Figurationen] überlappen können...“[37] Wichtig sind hier jedoch ökonomische, soziale Interdependenzformen, die sich alle innerhalb einer Figuration bilden können. Soziale Interdependenzen können sich in Institutionen manifestieren. „Organisation, soziale Normen, das Recht sind Beispiele für die Institutionalisierung bestimmter wechselseitiger Abhängigkeiten. Die Ausdifferenzierung gesellschaftlicher Teilfunktionen in immer spezieller werdenden Institutionen ist wiederum der Hauptgrund für das steigende Niveau der Interdependenzen zwischen diesen Teilfunktionen.“[38] Diese Abhängigkeitsformen bilden also entsprechend lange oder kurze Interdependenzketten, in denen der Einzelne hineingeboren und entsprechend derer Struktureigenschaften sozialisiert wird. Demgemäß handelt das Individuum, es konstituiert alte Interdependenzen und produziert Neue.

Die Figuration erlaubt in ihrer Struktur bestimmte Handlungsoptionen, Ziele und Mittel. Sie beschränkt demgemäß auch Handeln durch Nichtexistenz dieser Spielräume.[39] Figurationen sind als Interaktionsgeflechte zu verstehen, die sich trotz ihrer emergenten Eigenschaften und Strukturmerkmale in fortlaufendem Wandel einer Eigendynamik befinden. Sie sind „Fließgleichgewichte“. Elias unterscheidet weiterhin zwei Eigenschaften einer Figuration, nämlich „Ihre Funktion innerhalb des Menschengeflechts, dem sie angehören, und die gesellschaftliche Stärke, die sich jeweils mit dieser Funktion [in der Beziehung zu anderen Figurationen] verbindet.“[40] Gesellschaftliche Stärke von Personen oder Gruppen muß als Verhältnisdifferenz zu Personen, Gruppen und Figurationen berechnet werden, die zu ersteren in Interdependenz stehen .[41]

Mit umfassender Sicht gilt dann: „Versteht man Gesellschaften als Figurationen, so greift der Figurationsbegriff über unseren klassischen Gesellschaftsbegriff potentiell hinaus, da er auch Interdependenzen zwischen sozialen Einheiten (>Gesellschaften<) als Figurationen

---

[37] MOREL, JULIUS (Hg.): *Soziologische Theorie*. S. 194.
[38] BAUMGARDT, RALF/ EICHENER, VOLKER: *Norbert Elias zur Einführung*. S. 109.
[39] BAUMGARDT, RALF/ EICHENER, VOLKER: *Norbert Elias zur Einführung*. S. 110 ff.
[40] ELIAS, NORBERT: *Über den Prozeß der Zivilisation*. S. 227.
[41] ELIAS, NORBERT: *Über den Prozeß der Zivilisation*. S. 83 ff.

begreift.“ [42] Diese Verflechtungen sind dann eben nicht nur kulturell- normativer, sondern funktionaler Natur.

Labile Machtbalancen

„Wenn Menschen ihr Handeln nicht selbst bestimmen können, sondern von anderen... abhängig sind, sprechen wir von dem Phänomen der Macht... Abhängigkeit, auch im offensichtlich positiven Formen, bedeutet Macht im Sinne der Chance, die Handlungen des anderen in ihre Richtung zu steuern... Immer wenn ein Mensch von einem anderen abhängig ist... übt er bewußt oder unbewußt Macht über ihn aus, weil er ihn dazu bringt, in einer Weise zu handeln, in der er ohne diese Interdependenz nicht handeln würde.“[43] Aus dieser Definition bilden sich Konsequenzen.

Macht ist eine Struktureigentümlichkeit *jedweder* Interdependenzform und deshalb polymorph. Immer dort, wo Menschen in Bezug auf Menschen handeln, ist Macht in der Figuration existent. Macht ist keine Eigenschaft oder Objekt, das als „Besitz" behalten oder vergeben werden kann, sondern ein Strukturbegriff, der für *alle* Beteiligten einer Wechselbeziehung (in Form der oben genannten Gewähr oder Verweigerung von Chancen) gültig ist. Bereits Simmel hat auf die wechselseitige Funktionalität und den Verflechtungscharakter von Konflikt- und Machtbeziehungen hingewiesen,[44] ähnlich Max Weber, dessen Machtdefinition mit der obigen fast identisch ist.

Deswegen muß der Begriff der Machtbalancen eingeführt werden. Wenn jeder Beteiligte diese Handlungsoptionen besitzt, herrschen dynamische Machtdifferenzen vor, die ein labiles Fließgleichgewicht bilden, das durch Wandel der Interdependenz nach Innen, aber auch nach Außen, verändert werden kann. Die Beziehungen zwischen Gruppen, die Figurationen bilden, sind stark von Machtdifferenzen geprägt. In komplexen Machtfigurationen schwindet die Kontrolle der Beteiligten, so daß transintentionale Kräfte wahrgenommen werden, die nicht unmittelbar in der betroffenen Figuration entstehen, aber sehr wohl IN ihr und DURCH sie wirken.[45] Machtdifferenzen entstehen z.B. durch soziale Distinktionszwänge, die sich in gezielter Verhaltensunterscheidungen äußern, um so Prestige, Status und Hierarchie zu

---

[42] MOREL, JULIUS (Hg.): *Soziologische Theorie.* S. 197.
[43] BAUMGARDT, RALF/ EICHENER, VOLKER: *Norbert Elias zur Einführung.* S. 114 ff.
[44] COSER, L. A.: *The Functions of social conflict.* New York/ London, 1964, S. 59.
[45] BAUMGARDT, RALF/ EICHENER, VOLKER: *Norbert Elias zur Einführung.* S. 115 f.

betonen oder durch Imitation dieses „besseren" Verhaltens höheren Status zu erreichen.[46] Elias hat Distinktionsmechanismen am französischen Hof der absolutistischen Könige intensiv untersucht. „Der Druck des Hoflebens, die Konkurrenz um die Gunst des Fürsten... dann ganz allgemein die Notwendigkeit, sich von Andern zu unterscheiden und mit relativ friedlichen Mitteln, durch Intrigen und Diplomatie, um Chancen zu kämpfen, erzwang eine Zurückhaltung der Affekte... eine eigentümliche höfische Rationalität..."[47] Distinktion zw. hohem und geringeren Status kann auf verschiedenste Methoden bewirkt werden, z.B. durch Baustile oder Wohnlage von sozialen Gruppen.

Über die mittelalterliche, ehemals „freie Reichsstadt" Dinkelsbühl in Mittelfranken/ Bayern weiß man:

> „Die Stände und sozialen Schichten achteten streng auf die feinen Unterschiede... Dort [im Stadtkern] stehen die hohen Häuser der Kaufherren und alteingesessenen Geschlechter... Darum herum bilden die kleineren Häuser und die Bauernhöfe in den ehemaligen Vorstädten einen Ring... Bis zur Stadtmauer schließt sich ein Grüngürtel mit mehr Gärten als heute an. Hier befindet sich das Spital für die Kranken, Alten, Armen und Waisen... Da [im äußeren Bezirk] baut man auch die... Getreidespeicher hin... dazwischen die Häuschen der Ärmeren und die Mietshäuser; denn hier ist der Grund am billigsten... die Stadtsöldner hausen in den gefährdeten Wohnungen an der Mauer; und daneben, beim Wächtersturm, gehen die >gemeinen< Frauen im städtischen Frauenhaus [48] ihrem Gewerbe nach... Alle diese Menschen... nahmen einen bestimmten Rang in der Altdinkelsbühler Gesellschaft ein, der sich in der Wohnlage niederschlug... Im Wachsen und Werden der Stadt, Ring um Ring, spiegeln sich vergröbert die Klassenunterschiede."[49]

Machtbalancen sind labil und unterliegen dem Wandel. Deswegen ist es hier wichtig, auf die Prozeßhaftigkeit von Figurationen näher einzugehen

Sozialer Wandel: *developmentalism*

In der auf vielfache Weise vermittelbare Struktur von Interdependenzen liegt eine potentielle Instabilität vor, welche in Figurationsprozessen als Triebfeder für Macht, aber auch für Wandel an sich, wirkt. „Sein [d.h. Elias'] metatheoretisches Konzept und seine... prozeßsoziologischen Untersuchungen beruhen vielmehr auf der empirisch belegbaren

---

[46] GOUDSBLOM, JOHAN: Die Erforschung von Zivilisationsprozessen. S. 97.
[47] ELIAS, NORBERT: *Über den Prozeß der Zivilisation*. S. 7.
[48] Noch heute befinden sich die Bordelle in Nürnberg „an der Mauer", d.h. unterhalb der mächtigen Stadtmauern des Mittelalters
[49] ARNOLD, GERFRID: *Dinkelsbühl – eine mittelalterliche Stadt*. Dinkelsbühl, Jahr n.n. S. 164 ff.

Vorstellung, daß Wandlungen zu den normalen Struktureigentümlichkeiten von Figurationen... gehören."[50] Wandel ist als alltäglicher Prozeß von Figurationsbildung zu verstehen.

Man kann grob drei Wandlungstypen unterscheiden, die mit verschiedenen Zeitskalen meßbar sind. Erstens der Lebenslauf von Individuen auf der Mikroebene, innerhalb dessen Psychogenese und Sozialisation stattfindet. Dann die Gesellschaftsentwicklung, d.h. Aufbau und Entstehung von sozialen Interdependenzen auf der Makroebene und letztens die Evolution der menschlichen Spezies.[51] Relevant für diese Arbeit ist der zweite Typus.

Soziale Prozesse besitzen nun bestimmte Merkmale. Aus einer größeren, historischen Perspektive heraus wandeln sich alle Figurationen in Prozessen. Figurationen sind nur durch Figurationen erklärbar, d.h. Wandel ist kontinuierlich und historisch. Er vollzieht sich nicht auf „Stufen" o.ä. Kontinuierlich heißt, das Interdependenzketten fließend in vergangene und zukünftige Figurationen übergehen. Sie sind weder analytisch noch inhaltlich trennbar.

Die meisten Veränderungen von Figurationen beruhen auf internen Ursachen, auf dem Eigencharakter eines bestimmten Figurationstypes. Wandel vollzieht sich nie autonom, sondern immer in Wechselwirkung mit anderen, parallelen Figurationen.[52] Die Kategorien „exogener" und „endogener" Wandel können deshalb nicht auseinandergehalten werden.[53]

2. Staatsbildungsprozesse

Der moderne Nationalstaat ist durch das Gewaltmonopol einer Zentralgewalt, durch Bürokratie, eine Exekutive, durch die Jurisdiktion und durch zahlreiche staatliche Institutionen, z.B. Gesundheits- und Sozialversorgung, gekennzeichnet. Doch diese Eigenschaften sind relativ jung; sie sind das Ergebnis (und keinesfalls das Ende) einer langen historischen Entwicklung, die im frühen europäischen Mittelalter, besonders nach Zusammenbruch des Kaiserreiches unter Karl dem Großen, erkennbar wird. Einen Höhepunkt von Staatlicher Zentralmacht erreicht das absolutistische Königstum in Frankreich.

---

[50] BAUMGARDT, RALF/ EICHENER, VOLKER: *Norbert Elias zur Einführung.* S. 44.
[51] GOUDSBLOM, JOHAN: *Soziologie auf der Waagschale.* S. 146.
[52] GOUDSBLOM, JOHAN: *Soziologie auf der Waagschale.* S. 148 ff.
[53] GOUDSBLOM, JOHAN: *Soziologie auf der Waagschale.* S. 158.

<u>Historische Mechanismen</u>

Die Frage nach der Genese eines derartigen Zentralismus, wie ihn der französische Absolutismus darstellte, führt weiter zurück, zu Veränderungen des Feudalismus. Im „... 10. und 11. Jahrhundert wurde das vormals karolingische Reich in eine Überfülle relativ kleiner Erbgüter zersplittert, jedes mit einem... souveränen Herrscher, der... andauernd in... Kämpfe mit seinesgleichen verstrickt war." [54]

Nach diesem Höhepunkt einer feudalen Dezentralisierung, in Konkurrenz um Land, bilden sich in langwierigen Ausscheidungskämpfen immer weniger Territorialherrschaften heraus, die immer mehr Boden und Zentralmacht besitzen. Denn das Bodenmonopol auf Nutzfläche war praktisch die einzige Besitzquelle in der feudalen Oikos- Wirtschaft. Die Kontrolle über das Herrschaftsgebiet stützt sich zunächst nur auf dieses Bodenmonopol, die Exekutive ist kaum zentralisiert. Nach und nach erreichen Einzelne durch diese Konkurrenzmechanismen auch das völlige Gewaltmonopol, wie z.B. in Frankreich. Mit dem Bevölkerungswachstum verlängern sich die Interdependenzketten zwischen Produzent und Konsument, die Arbeitsteilung schreitet voran, ebenso soziale und räumliche Differenzierung. Ein generelles Tauschmittel, das Geld, wird jetzt immer notwendiger, um die langen Verflechtungsketten überbrücken zu können. Mit der Entstehung der Geldwirtschaft und des Handels wachsen die Abhängigkeiten in und zwischen Figurationen. [55]

Erst jetzt ist das Gewaltmonopol ein totales, weil durch das neuerliche Monopol der Steuererhebung die Staatseinnahmen drastisch steigen und ein stehendes Heer finanziert werden kann.

Ein dynamisches Kreislaufmodell treibt die interdependenten Monopole voran: blühender Handel[56] heißt hohes Steueraufkommen, das heißt mehr Geld für das Heer. Das Militär sichert das Steuermonopol und die Staatsraison. Handel ist gesichert usw. Erst jetzt ist ein „Staat" entstanden, der allerdings in seiner Komplexität durch Verwaltungsapparate koordiniert werden muß. Die mangelhaften Verkehrs- und Kommunikationsmöglichkeiten zwingen die jetzt totalen Herrscher („Der Staat, das bin ich!") zur Delegierung von Entscheidungsmacht und Aufgaben. [57]

---

[54] GOUDSBLOM, JOHAN: *Soziologie auf der Waagschale*. S. 159.
[55] BAUMGARDT, RALF/ EICHENER, VOLKER: *Norbert Elias zur Einführung*. S. 64 f.
[56] Die vorindustriellen >Manufakturen< des Merkantilismus, die ersten in Europa, wurden vom franz. Königshof mitaufgebaut
[57] BAUMGARDT, RALF/ EICHENER, VOLKER: *Norbert Elias zur Einführung*. S. 68 f.

Dadurch tritt der Monopolmechanismus in eine zweite Phase ein. Während in der ersten um den grundlegenden Zugang u.U. mit Gewalt gekämpft wurde, steht jetzt die Verteilung von Zugangschancen innerhalb eines stabilen Monopols im Blickfeld der Konkurrenz. Die Bürokratie bildet am Königshof allmählich einen Staatsapparat, der für den Herrscher unentbehrlich wird, will er denn Finanzen eintreiben, die für die Gewaltmonopolsicherung nach Innen und Außen nötig sind. Auf der Spitze seiner Monopole wird der Herrscher immer mehr von der Organisation seiner Monopole abhängig, seine Zentralität schwindet, indem neue Figurationsgruppen funktionale Aufgeben übernehmen. Neben dem relativ jungen Beamtenstand steigt der Einfluß der Händlerschicht. Das Eigengesetz von Abhängigkeitsverflechtungen in differenzierten Gesellschaften zeigt sich mit hinzutreten dieser neuen Konkurrenten als Phase der Vergesellschaftung von Monopolen. Zunächst bedeutet dies Vergesellschaftung innerhalb einer Schicht, hier innerhalb eines privilegierten Standes,[58] z.B. durch die Vergabe von Steuerparzellen an französischen Beamte (Departements).

Der Herrscher versucht natürlich, dies zu verhindern, indem er ein labiles Machtgleichgewicht zwischen den Konkurrenten auszubalancieren versucht. Dieser „Königsmechanismus" nach dem alten „divide et impera"- Prinzip soll die Konkurrenz unter den emporstrebenden Schichten stärken, damit diese keine Allianzen bilden oder eine Gruppe zu mächtig wird. Der König kann somit auch die alte Adelsschicht disziplinieren, die, am Hofe von Versailles zentral um ihn geschart, um seine Gunst in Form von Prestige oder Einfluß konkurriert. Denn er besitzt letztlich noch das Verteilungsmonopol. Kann der Herrscher in dieser Verflechtungsfigur das Gleichgewicht zu seinem Vorteil, der Konservierung seines Gewaltmonopols, aufrecht erhalten, dann bleibt das Absolutistische System bestehen.[59]

Das aufstrebende Bürgertum, von Zugangschancen der Standesmonopole ausgeschlossen, bildete schließlich ein übermächtige Konkurrenzgruppe und zerschlägt[60] mit der Revolution von 1789 alle Stände- und Zunftprivilegien. Das Gesamtsystem der Monopole wird dem

---

[58] BAUMGARDT, RALF/ EICHENER, VOLKER: *Norbert Elias zur Einführung.* S. 70 ff.

[59] ELIAS, NORBERT: *Über den Prozeß der Zivilisation.* S. 239 f.

[60] Des geschah in Frankreich auf radikalste Weise, während in Deutschland noch bis heute Reststrukturen von Zunftmonopolen im Handwerk erkennbar sind. So wurde in Bayern erst vor wenigen Jahren der „Senat" abgeschafft, in dem Interessengruppen der Mittelschicht ständeähnlich vertreten waren.

Herrscher entrissen. Alle Monopole werden nun in der Hand des Volkes[61] vergesellschaftet und dem demokratisch legitimierten Staat übertragen.[62]

III. Resumee

1. Persönliche Ergänzungen

Die angesprochene zunehmende Arbeitsteilung durch Verlängerung der Interdependenzketten bietet eine mögliche Erklärung der Ausdifferenzierung von Lebensabschnitten. Durch die Wechselwirkung von Sozio- und Psychogenese könnte man das verfrühte Einsetzen der Pubertät, z.B. bei Personen, die eher als andere ins Arbeitsleben gelangen müssen, erklären. Aber auch „Jugend"[63], sowie „Postadoleszens" und „die Jungen Alten" sind Lebensphasen, die erst mit steigender Arbeitsteilung in der Moderne auftreten.[64] Ungekehrt gilt dann ebenso: hohes Interdependenzniveau bedeutet komplexe Affektkontrolle, was in längerer Sozialisation erlernt werden muß. Das heißt längere Reifung[65] durch Sozialisationen. „Im Mittelalter genügten zwölf bis vierzehn Jahre, um die >Erwachsenenreife< zu erlangen... Heute kann die Zeitspanne gut doppelt so lang sein. Der gesellschaftliche Zivilisationsprozeß wiederholt sich damit in jedem heranwachsenden Individuum von neuem: die Ontogenese... spiegelt die Soziogenese... wider... "[66]

Ist das Schlagwort der „Infantilisierung" hiermit erklärbar? Die zunehmende Neotenie der Psyche und des Verhaltens kann durch Zunahme der Arbeitsteilung und der Figurationslängen verständlich werden. Denn: individualisierte Strukturen erfordern flexibles, spontanes Denken und Verhalten und werden durch „Hereinnahme der sozialen Organisation der Außenwelt"[67] (G. H. Mead) internalisiert. Typisch kindliche Eigenschaften kennzeichnen diese „hedonistische Egokultur" der Postmoderne, wie sie oft vereinfachend genannt wird. Bedeutet eine längere Reifungszeit in allen Lebensphasen dann nicht auch verstärkte Verhaltens- und

---

[61] Das Revolutionsbild auf den Franc- Banknoten sollte mit der entblößten Brust der französischen Nationalfigur, der „Marianne", ausdrücken: Die Zitzen des Staates sind jetzt für alle da.
[62] BAUMGARDT, RALF/ EICHENER, VOLKER: *Norbert Elias zur Einführung.* S. 75 ff
[63] Jugend wird erst in der späten Moderne als eigene Lebensphase verstanden. Noch bis Anfang des 20. Jahrhunderts waren Kinder eben „kleine Erwachsene".
[64] HURRELMANN, KLAUS: *Lebensphase Jugend.* Eine Einführung in die sozialwissenschaftliche Jugendforschung, 5. Auflage, Weinheim/ München 1997. S. 22 f.
[65] BAUMGARDT, RALF/ EICHENER, VOLKER: *Norbert Elias zur Einführung.* S. 106 ff.
[66] BAUMGARDT, RALF/ EICHENER, VOLKER: *Norbert Elias zur Einführung.* S. 107.
[67] MOREL, JULIUS (Hg.): *Soziologische Theorie.* S. 59.

Bewußtseinsorientierung an gleichaltrigen peer- groups? Soziale Standards, das „being sozial" wird immer wichtiger. Auch die Vergesellschaftung des ehemaligen Erziehungsmonopols der Familie in Form von Kindergärten und staatlichen Schulen würde die verstärkte „be social!"- Forderung erklären helfen.

Die für moderne Gesellschaften typische Rationalisierung könnte zur Erklärung des heutigen Todestabus dienen. Diese Normierung von Todesängsten entsteht durch die Entzauberung animistischer Weltbilder,[68] was Elias durch den Doppelbinder aus Distanzierung, Kontrollzuwachs und Rationalitätsgewinn erklärt. In der „rationalen" Moderne wird das Transzendente auf einen inhaltsarmen Deismus beschränkt, man spricht auch vom „Alltagsatheismus". Wenn jedoch der Tod, das Sterben und eben auch das „Altern" durch die fehlende Gewißheit eines Jenseits zum Tabu werden, muß im Gegenzug das „Jungsein", das Lebendigsein an sich, heilig werden. Der Jugend- und Schönheitskult, aber auch der erwähnte Hedonismus der „Generation Ego" könnten darin ihre Ursache haben. Ebenso die Extremsportarten: in einer stark kontrollierten Welt, in der die entzauberte Natur fast völlig unterworfen wurde, sucht der individualisierte Einzelne wieder die transzendente, ganzheitliche Erfahrung der Welt durch Simulation von Risiko. Er kann im Moment des Kontrollverlustes die rationale Distanz zur Natur, durch ihre Unterwerfung erst entstanden, aufheben.

<u>Eine friedlicher Weltstaat?</u>

Elias entwirft in Konsequenz der historischen Mechanismen eine Entwicklung, die langfristig zur Befriedung von Figurationsgeflechten durch zentrale Gewaltmonopole führt. Der Nationalstaat wird nach durch dieselben Mechanismen auf transnationaler Ebene in ein Figurationsgeflecht höherer Ordnung verwandelt. Aus ökonomischer Konkurrenz erwachsen in Europa neue Monopole auf Geldausgabe, soziale Versorgung, Gesetzgebung und Recht. Die Anfänge der EU weisen auf eine Erweiterung dieser Monopole hin. Und schon jetzt sind die teilweise nur Jahre jungen Ansätze einer Weltgesellschaft erkennbar: die UNO, der Weltgerichtshof, die Menschenrechtsencharta, das Völkerstrafgesetzbuch u.ä. Das diese Instrumente funktionieren, zeigt sowohl die gewaltsame Pazifizierung des Balkan- Krieges, als auch die Verhaftung von Kriegsverbrechern.

Die wechselseitige Funktionalität von internationalen Figurationen nimmt zu, so daß Kriege mit der Zerstörung von Infrastrukturen und Handel negative Rückwirkungen auf beide

---

[68] MOREL, JULIUS (Hg.): *Soziologische Theorie.* S. 209.

Beteiligte herstellen. So werden mit steigendem Interdependenzniveau von Herrschaftseinheiten weitflächige Zerstörungskriege unwahrscheinlicher.[69]

Während auf EU- Ebene eine Integrationsphase erkennbar ist, werden einige alte Monopole innerhalb der Nationalstaaten in einer momentanen Desintegrationsphase aufgegeben und neue Konkurrenzen geschaffen. Beispiele sind die zunehmende wirtschaftliche und politische Wettbewerb der Bundesländer, die Privatisierung von Versorgungsmonopolen wie Strom, Telekommunikation, Eisenbahn, aber auch von staatlichen Sicherheitsinstitutionen wie Sozialversicherung, Rente oder sogar von Gefängnissen wie in England.

2. Persönliche Kritiken

a) Erkenntnistheoretische Einwände

Die Elias' sche Methode wird von ihm selbst als stark empirisch- induktiv beschrieben. Er sagt selbst: >Es kam mir nicht so sehr darauf an, eine allgemeine Theorie der Zivilisation in die Luft zu bauen und dann nachträglich zu prüfen, ob sie mit der Erfahrung übereinstimmt, sondern... für einen begrenzten Bezirk die verlorene Anschauung von dem... Wandel des menschlichen Verhaltens zurückzugewinnen... und am Ende einzusammeln, was sich auf diesem Weg an theoretischen Einsichten ergeben hat.<[70] Auch wenn er Bestätigung seiner Theorien durch historische Belege findet, so scheint mir doch seine Methodik im Gegenteil eher deduktiv. Elias sucht eklektisch nach Fakten, die seine a priori- Annahmen stützen sollen. Dabei ist aber auch das historische material nicht unproblematisch. Sittenbücher beispielsweise, im Mittelalter oft stark religiös geprägt, geben sicherlich kein objektives und allgemeines Bild über Verhaltensstandards. Elias unterliegt, wie viele Makrotheorien, von der Systemtheorie bis zum Marxismus, der Fehler der Prokrustes- Methode.[71] Datenmaterial wird gezielt theoriekonform gesammelt, widersprechende Fakten ignoriert und zirkulär in bereits bestehende Theoriekomplexe hineingepreßt.

Elias liefert für Makroentwicklungen nur ungenaue Aussagen. Das auf und ab von (Des-) Integrationsphasen, von Zivilisierungs- und Enthemmungsschüben des Verhaltens, der fehlende Ausgangspunkt von Entwicklungen und die Reduzierung auf gröbste „Tendenzen", das alles sind sehr allgemeine Konzepte. Wenn alles miteinander verflochten ist, wenn

---

[69] ELIAS, NORBERT: *Über den Prozeß der Zivilisation.* S.232 ff.

[70] GOUDSBLOM, JOHAN: *Soziologie auf der Waagschale.* S. 158.

[71] THEIMER, WALTER: *Der Marxismus.* Lehre- Wirkung- Kritik, 3. Auflage, Bern/ München 1960, S. 45.

Ursachen und Wirkungen in unpräzisen Mehrebenenmodellen austauschbar und keine statischen Zustände in Kategorien erfaßbar sind, dann sind diese Theorien sehr einfach immunisierbar und so allgemein, daß ihr Erkenntnisgewinn nur gering ist. Wenn es in der Geschichte ungeplante, chaotische Auf- und Abwärtstrends, aber dennoch ein „Ziel" geben soll, wodurch legitimiert sich dann eine ursächliche Erklärung? Oder fällt Elias doch letztlich auf den klassischen Determinismus zurück, den er eigentlich überwinden wollte? Sind „Gesetze der Geschichte" überhaupt verläßlich formulierbar, oder nur nachträgliche subjektive Projektionen?[72] Unterliegt nicht Elias, wie Marx, Comte o.a., einer „historischen Illusion"?

Das Paradigma der Figurationen ist zudem in sich widersprüchlich. „Durch die problematische Gegenüberstellung von System und Akteur fällt ersteren sie Rolle zu, gewissermaßen Rahmenvorgaben zu liefern, die den Spielraum für... Akteure abstecken... Das heißt aber zugleich, daß die akteurtheoretische Analyse keine generalisierbaren Erkenntnisse mehr erbringen kann. Sie erschöpft sich im historiographischen Nachzeichnen... so ziehe sie [die Akteursanalyse] sich als soziologische Theorie selbst den Boden unter den Füßen weg."[73] Elias begeht denselben methodischen Fehler wie der Marxismus. „Wenn der Mensch nur die Freiheit hat, das [historisch] Determinierte zu tun, so hat er keine Freiheit... Es gibt keine Versöhnung von Notwendigkeit und Freiheit..."[74] in der Geschichtsschreibung. Für Elias gilt dann ähnlich: Entweder besitzen Akteure historische Handlungsfreiheit, oder Figurationen setzen ihnen durch Eigengesetze und Struktureigenschaften Grenzen. Dieser epistemologische Spagat bietet Kritikern eine echte Angriffsfläche.

b) Inhaltliches

Elias geht meiner Meinung nach zu wenig auf augenfällige Geschlechterunterschiede ein. Warum wurden nur Männer in ihrem Aggressionsverhalten zivilisiert, d.h. warum sind Frauen überhaupt weniger aggressiv, wenn doch beide Gruppen seit Urgedenken in denselben Figurationen stecken? Warum sollte Aggression von Frauen durch Normen der Sozialisation gehemmt werden? Ist Verhalten dann nicht doch auch biologisch bedingt? Die Wechselwirkung aus Sozio- und Psychogenese muß genauso auch für Frauen gelten. Warum hat sich aber im Aggressionsverhalten der Frau mit steigendem Interdependenzniveau keine

---

[72] THEIMER, WALTER: *Der Marxismus*. S. 44.
[73] BORA, ALFONS: *Differenzierung und Inklusion*. S. 153.
[74] THEIMER, WALTER: *Der Marxismus*. S.47.

erkennbare Zivilisierung gezeigt? Elias beschränkt sich im Großen und Ganzen auf den Vergleich zwischen Rittern der Feudalzeit und Höflingen im Absolutismus.

Bei diesen genannten Theorien geht Elias von Axiomen der Freud' schen Psychologie aus. Diese sind heute sowohl inhaltlich, als auch methodisch zurechtgestutzt worden. So gilt es als allgemeiner Konsens, daß Aggression kein Trieb, sondern eine interessenbedingte Handlung ist. Sie entsteht durch blockierte Zielhandlungen, ist also durch angestrebte Ziele bedingt und kann nicht im „Dampfkessel" der Seele aufgestaut und entladen werden. Aggression dient entweder der Beseitigung aversiver emotionaler Zustände oder der Zielerreichung.[75]

Hohe Interdependenzniveaus und funktionale Arbeitsteilung erzeugen in der Postmoderne auch zunehmende Handlungsfreiheit und Individualisierung, nicht nur verstärkte Hemmungen durch internalisierte Fremdzwänge. Daß Sexualität zum Beispiel heute weitgehend entnormiert ist, paßt nicht in die Modelle von Elias. Während schon immer privat gegen sexuelle Tabus verstoßen wurde, so ist heute der öffentliche Raum extrem tolerant gegenüber Darstellung und Ausübung von nichtkonformer Sexualität. Die Syphilis beispielsweise war seit jeher eine ubiquitäre Krankheit, also auch in der stark affektkontollierten Oberschicht verbreitet. Wie lassen sich Normenentwicklungen in der Sexualität mit der Psycho- und Soziogenese erklären, wo doch gerade die Libido ein nachweislich starker Trieb ist, der sich staut und „entladen" werden muß? Fällt Sexualität als biologische Prädisposition aus dem Einflußrahmen der Soziogenese heraus? Schließlich ist Prostitution seit jeher alltäglich.

Dies könnte damit zusammenhängen, daß Elias eine falsche Folgerung aus steigenden Interdependenzniveaus gezogen hat. Dies Entwicklung und damit differenziertere Arbeitsteilung bedeuten im Gegenteil eine verkürzte Planung und Chancen auf affektgeleitetes Handeln. Denn zunehmende Differenzierung, aber auch das Planungsrisiko in enorm komplexen, unübersichtlichen Figurationen schafft sowohl einen strukturellen, als auch einen psychischen Freiraum zur Konzentration auf individuelle Bedürfnisse jedweder Art. Schließlich werden sich Menschen, wenn ihr Leben, ihre Zukunft, ihre sozialen Bindungen immer flexibler, unsicherer und damit unkalkulierbarer werden, genau deshalb auf ihren beschränkten persönlichen Aktionskreis konzentrieren und „Im Hier und Jetzt" leben. Warum sollten sie auch riskieren, unter unvorhersehbaren Bedingungen ihren Affekten vielleicht gar nicht mehr nachgeben zu können?

---

[75] FREY, DIETER/ GREIF, SIEGFRIED: *Sozialpsychologie. Ein Handbuch in Schlüsselbegriffen*, 4. Auflage, Weinheim 1997, S. 106.

Literaturverzeichnis

I. Quellen

1. Morel, Julius (Hg.) u.a.: *Soziologische Theorie*. Abriß der Ansätze ihrer Hauptvertreter. 6. Auflage, München 1999.

2. Baumgardt, Ralf/ Eichener, Volker: *Norbert Elias zur Einführung*. 1. Auflage, Hamburg 1991.

3. Goudsblom, Johan: *Soziologie auf der Waagschale*. 1. Auflage, Frankfurt/ M. 1979.

4. Elias, Norbert: *Über den Prozeß der Zivilisation*. Soziogenetische und psychogenetische Untersuchungen. 2. Auflage, Bern 1969, Bd. 2.

II. Sekundärliteratur

1. Korte, Hermann/ Gleichmann, Peter/ Goudsblom, Johan (Hg.) u.a.: *Materialien zu Norbert Elias' Zivilisationstheorie*. 1. Auflage, Frankfurt/M. 1979, Bd. 1.

2. Marx, Karl/ Engels, Friedrich: *Die deutsche Ideologie*. 1845-1846, IN: Marx-Engels-Gesamtausgabe, 1. Abt., Bd. 5, Glashütten/ Taunus 1970.

3. Bora, Alfons: *Differenzierung und Inklusion*. Partizipative Öffentlichkeit im Rechtssystem moderner Gesellschaften. Schriften der Vereinigung für Rechtssoziologie, 1. Auflage, Baden- Baden 1999, Bd. 25.

4. Arnold, Gerfrid: *Dinkelsbühl*. Eine mittelalterliche Stadt, 1. Auflage, Dinkelsbühl Jahr n.n.

5. Klein, Gabriele/ Liebsch, Katharina (Hg.): *Zivilisierung des weiblichen Ich*. 1. Auflage, Frankfurt/M. 1997.

6. Hurrelmann, Klaus: *Lebensphase Jugend*. Eine Einführung in die sozialwissenschaftliche Jugendforschung, 5. Auflage, Weinheim/ München 1997.

7. Coser, L. A.: *The Functions of social conflict*. New York/ London 1964.

8. Theimer, Walter: *Der Marxismus*. Lehre- Wirkung- Kritik, 3. Auflage, Bern/ München 1960.

9. Frey, Dieter/ Greif, Siegfried: *Sozialpsychologie*. Ein Handbuch in Schlüsselbegriffen, 4. Auflage, Weinheim 1997.